JN441306

커피 잔, 옷을 벗다

커피 잔, 옷을 벗다

한정원 시집

을지출판공사

┃시인의 말┃

눈 감으면 그대가 보이고
눈 뜨면 내 앞에 앉아 있는 그대
늘 태동을 느끼며

첫 울음소리 우렁찬
오늘을 기다렸다.

2016년 초가을

한정원

차례

제 2 부 애인은 창밖에

제 3 부 딸기의 꿈

제 4 부 뻐꾸기 울음을 등에 메고

제 1 부

내 입속 새 한 마리

그 새는
내가 한 말들을 가져오라고 하면
몇 초 후에 그 소리들을
모두 데리고 온다.

휘파람 경전

하늘공원 억새밭에는
서양인의 피를 받은 은빛머리 아저씨가
커다란 책을 펼쳐 들고 책을 읽어 준다지

가까이 가면 갈수록 바람에 펄럭이며 들려오는
소리의 광폭이 더욱 감동적이라는데
흩어지면 죽는다며 어깨를 맞대고
바람이 불면 부는 대로 휘어지며
우주 속살에 발을 묻으며 만든 책장이란다

책장은 하도 커서 누구도 넘길 수가 없다지
추운 겨울 삭풍이 몰려오고 눈비가 내려도
'이것 또한 지나가리라'
솔로몬 왕자의 말씀을 되뇌이며
울음을 삭힌 커다란 책은
이제 휘파람 소리로만 들을 수 있는
경전이 되었다지.

알맹이, 껍데기

뼈대만 앙상한 옷걸이 하나
걸치고 있던 껍데기는
샤넬향수를 뿌리고
요란한 드라이기 소리와 함께
집을 나갔다

몸이 가벼워진 옷걸이는
온 집안을 기웃거리며
방문을 열어 본다

창밖거리를 바라보니
모두 껍데기들로 붐빈다

다시 창문을 닫고
거실로 나와 액자 속의 그림들을
물끄러미 바라보다가
텔레비전 오락프로를 보고 까르르 웃는다

다시 주방에 들어가 식탁에 앉아
물끄러미 나를 본다
나도 그를 본다

'딩동'
껍데기가 들어오는 소리에 깜짝 놀라
옷장 속으로 달려간다.

내 입속, 새 한 마리

내 입속에는 새 한 마리가 산다

그 새는
내가 한 말들을 가져오라고 하면
몇 초 후에 그 소리들을
모두 데리고 온다

넘어진 소리들
뒤집혀진 말들은
제정신 차릴 때까지 기다렸다가
늦게 데려온다
찢겨진 말들, 힘없는 말들도……

그 새는
말들이 하나라도 도망갈까 봐
새끼줄에 꿰어
산을 넘어온다

길게 늘어진 말들이
천천히 내 앞에 와서
엎드린다.

커피 잔, 옷을 벗다

아이스커피 한 잔이
시원해지기를 기다린다

얼음 조각들은
검은 물 주변을 빙빙
겉돌고만 있다

한낮의 카페 안은
진한 커피 향에 버무린
까르르 소리와
주고받는 시선들로 달궈지는데

나는 한쪽 귀퉁이에서
창밖 이글거리는 열기를
잔 속에 담는다

커피 잔 밖으로

자꾸만 진땀이 흘러
잔도 옷을 벗는다

다시 보니 얼음 조각이 없다

나도 없다.

거울 속엔 내가 없다

거울 속에는
내가 없고 나의 그림자만 있다

반듯하게 네모난 종이 한 장이
꽃, 동물, 새 등으로 바뀌듯이
언제부턴가 사람들도 그렇게
자신의 참모습을 버렸다

나이 들어가는 것을 거부하고
자기를 사랑하는 것을 거부하고
자기 자신이기를 거부하며

남을 위해 사는 사람처럼
자신을 꼭꼭 감춰버리고
거울 밖에만 신경을 쓴다

꽃병 속에 꽃이 없고
드라이플라워만 있듯이

거울 속에 너만 있고 나는 없다.

카멜레온

그의 직업은 의상 디자이너이다
그의 의상 감각은 남달라서
아무도 그를 흉내 내지 못한다

튀는 것을 싫어하는 그는
어느 곳에 가든
그곳의 배경에 스며드는
의상을 갖춰 입기 때문에
아무도 그가 이방인이란 걸
알아채지 못한다

이처럼
환경 적응력이 뛰어난 그를
때론, 박쥐 같은 처세술이라고
기회주의자라고
비난을 퍼붓지만
그것도 그만의 능력이다

내가 갖지 못한
그만의 개성이다.

부푸는 것들

저것 좀 봐요

거리엔 온통
나비들이 날고 있어요
날고 있는 것은 부푸나 봐요

제 몸도 부풀고 있네요
꿈들도 두둥실 하늘을 날고 있어요
알고 보니 초승달도 점점 부풀고 있었던 걸요
어느새 환한 보름달이 되어 웃고 있는
편안한 밤이에요

책상 위에는 잘못 쓴 글씨 지우던
지우개밥도 부풀고요
쓰다 버린 원고지도 부풀고요

주방에는

알맹이 없는 포도껍질도 부풀고요
조리하고 남은 감자껍질
양파껍질도 부풀어 오르네요

자, 보세요. 나만 부푸는 게 아니라니까요
바퀴도 부풀더니 굴러가고
그늘도 부풀더니 굴러가고
부푸는 건 모두 구르나 봐요

구른다는 말은
멀리서 가까이로
가까이서 멀리로 다가가는 것

어쨌거나 오늘 밤은
그렇게 부푼 것들 모두가
인연이 되어
둥글게 둥글게 굴러가네요.

비누로 떠서

둥그런 비누 하나
검은 밤하늘 닦는다

비누칠한 자리마다
환해지는 골목

한 치 앞 내다보지 못하는
내 눈도 덩달아 밝아진다

비누가 없는 날은
한 치 앞도 볼 수 없어
발을 헛딛기도 하고
길을 잃고 방황하기도 했다

오늘 밤엔 내가
내 속에 둥그런 비누로 떠서

구석구석 웅크린 어둠을 씻어 내고
환한 달빛이 된다.

저기, 저 글자들이

언제부턴가 내 책상에는
뿌연 안개가 자주 내리네요

먹성 좋은 안개는
책장마다 글자들을 모두 집어삼키고
일그러지고 찢어진 것들만 뱉어 놓아요

아무리 촘촘한 그물을 쳐 놓아도
송사리 떼처럼 꼬리를 살래살래 흔들면서
빠져나가는 저기, 저 글자들을
잡을 수는 없을까요?

아무리 두 눈을 부릅뜨고 지켜봐도
모래알 구르는 소리만 들려와요

평생을 눈앞의 것만 바라보느라
눈앞의 것만 생각하느라

먼 곳을 보지 못한 나를 이끌고
저리도 멀리 달아나고 있네요.

나는 민들레 속에서 산다

내 안에는 민들레가 자란다

바람 타고 날아온 풀씨 속에서
가물거리던 의식들이 깨어나
주저앉은 핏줄들을 깨우고

어둠이 의식을 안고
소리를 내며 피돌기를 시작하자
막혔던 구멍이 뚫리며
도랑물 흐르는 소리 들린다

그 구멍을 메우는 빛
아, 숨통이 열린다

그 길에 바람이 통과하고
새싹들도 파랗게 문 여는 소리

민들레는 내 안에 있는 것이 아니라
내가 민들레 안에서 자라고 있다
동면에서 깨어난 세포들도
새벽을 맞이하기 위해 커튼을 열자
빛들이 쏟아져 들어와 방이 꽃처럼 피어난다

방 안에 가득한 향기가 날개를 펼치며
언제든 풀씨 하나의 무게로 가볍게 떠날 수 있는
솜털이 되어 비상을 꿈꾸고 있는

나는 민들레 속에서 산다.

위험한 유혹

너는 위험한 여우
네 눈빛의 덫에 걸리기만 하면
누구든 항복할 것이다

소담스런 바구니 안에서
요염한 자태로 내뿜는
싱싱한 페르몬 향기는
먼 곳에서도 느낄 수 있는
살아 있는 고문이다

붉디붉은 탱탱한 피부에
땀방울처럼 쏙쏙 박혀 있는
까만 점도 매력적이라
밤새 불안하기만 한 수고양이들
위험한 유혹, 딸기.

고등어 한 손

생선가게 좌판 위에서
서로 꼭 껴안고
한 손으로 팔려 나가는
자반고등어

속을 다 빼버리고
누군가 한 줌 툭 뿌린
소금에 삭아서야
한 몸이 될 수 있었다

먹어도 먹어도 허기진 시간들
물의 품안에선 알지 못했다

머리에서 발끝까지 비워야
한 그리움 품을 수 있다는 것을.

제 2 부

애인은 창밖에

잠시라도 내 손 안에 없으면 불안한 그
그의 울림이 없는 날은 슬퍼져서
내가 먼저 그의 창을 두들기고 마는
그가 지금 날 부르고 있네요.

위험한 안개

너는 위험한 짐승이다
아침이면 하얀 복면을 하고 나타나
무엇이든 닥치는 대로 집어삼키는
먹성 좋은 짐승
헐벗은 능선과
먼 거리의 집들과
내가 걸어가야 할 길들마저
한입에 털어 넣고
금방 배탈이 나서 토해 낼 것 뻔한데도
식탐을 이겨 내지 못하고 있으니
난 너를 위험한 짐승으로 분류한다.

스토커

늘 내 머리 위에서
나만 내려다보고 있어

벽과 벽 사이 길게 누워
턱을 괴고 있다가도
내가 움직이면 나를 따라다니지

그런 그를
나는 가끔 무시할 때도 있어

그럼 화가 난 그는
불빛을 찬물처럼
내 몸 위에 쏟아 부어
눈도 제대로 뜨지 못하게 하고
비명까지 하얗게 숨어버리게 하지

'딸깍' 불을 끄고

어둠의 장막을 가득 덮어도

이튿날 아침이면
다시 턱을 괴고
나를 빤히 내려다보는
천장.

유리 세상

내가 사는 이 공간이
유리처럼 깨져 버리면
찬바람 휘잉 몰아닥치고
시간도 물처럼 쏟아져
나 바람처럼 허공을 헤매겠지

언제나 함께했던 너와 나
부딪혀 금이 가고 깨진다면
날카로운 파편에 가슴 찔린 상처만 남아
오래도록 아파하겠지

늘 내게 마른 목 적셔 주던
유리컵도 한순간 실수로 깨뜨리면
날카로운 비수가 되는
우리 곁에는 깨지는 것들

깨지면 안 되는 것들뿐

온통 유리 세상.

두고 내린

비 오는 거리에서
나를 지켜 주던 우산

비 개인 후에는
까마득히 잊어버려
달리는 버스에 두고 내렸다

잃어버리고서야 알았다
우산 하나 지키지도 못하는 나를

그래, 지키지 못한 것이 어디 우산뿐이랴
한순간 내 곁에 머물렀던
붉은 입술조차 밀어내 버린 것이

지금쯤, 덜컹거리는 차 안
어느 귀퉁이에서
쓸쓸한 저녁을 맞이할
우산에게 속죄하는 밤

불현듯 잊혔던 얼굴이
우산 속으로 촉촉이 젖어드는.

하루를 벗으며

방문 앞에 벗어 놓은 양말 한 켤레
양말 속을 꽉 채웠던 발은 어디 가고
저렇게 맥없이 뒹굴고 있을까

한 치의 여유도 없는 신발 속에서
얼마나 많은 시간들을 졸이고 살았으면
저렇게 가죽만 남아 쭈글거릴까

겨운 하루 둘둘 말아 세탁기에 넣으니
발바닥에 들러붙었던 낯선 길들이
세상의 깊이를 헤치면서
넓어졌다 좁아졌다
넘어졌다 일어섰다
꼬리에 꼬리를 물고 달려 나온다

편의점 음식으로 찌그러진 시간과
쉴 새 없이 울려대는 핸드폰소리

자동차 배기가스에 그을린
한 무리의 웃음소리가
부글부글 거품이 되어 탈수된다.

그림자

누군가 자꾸 날 따라온다
기척도 없는데 점점
내 신발이 무겁다

걸을 때마다
끌려 나오는 긴 다리들
자꾸만 내 주위를 빙빙 돌며
내가 지나온 길을 지우기도 하고
내가 가야 할 길에 앞서 나서기도 한다

너는 누구냐? 하고 내가 물어도 대답이 없다
가만 들여다보니 그는 얼굴이 없다
그저, 내가 하는 행동을 흑백으로 복사만 하는
그를 데리고 나는 오늘도 걸어간다.

장엄한 식사

흐르는 물에 가자미를 씻는데
가자미가 자꾸만 나를 째려본다
내 손을 밀쳐 내듯 미끈미끈한 몸에서는
냉기가 돌아
왠지 내 마음도 불편해서
김 오른 찜통에 처넣었다
찜통에 누워서도
냄비뚜껑을 달캉거리며
거품 물고 항변을 하는데
어느새 가스불은 꺼지고
장례준비가 시작된다
하얀 접시 위에 눕힌 가자미는
식탁으로 옮겨져 네 명이 염습(殮襲)을 하고
장엄한 장례를 마친다
접시 위에는 앙상한 사리만 남기고.

철없는 꽃

양재천 산책길에
노란 개나리가 피었다
진분홍 산철쭉과 영산홍도
봄인 듯 가을을 건너와 피고 있다

버석이는 갈잎의 몸부림을
아는지 모르는지
재잘대는
저 철없는 것들

어느새
내 손등 위에도
철 이른 검은 꽃들이 피어난다

행여라도 남이 볼까
감추고 감추어도

자꾸만 피어나는

아, 미운 꽃.

퍼스널 트레이너

항상 잠에 취해 엎드려 있는 그

볕이 따가운 옥상으로 끌고 가
빨랫줄에 턱걸이를 시킨다
얼마 가지 않아
스르르 미끄러져 내리는 그

홧김에, 엉덩이를 힘껏 두들기니
담 밖으로 비명 소리와 함께
숨어 있던 게으름들이 풀풀 날아간다

흠씬 매를 맞고서야
해 질 녘까지 내려오지 않고
근육을 단련시키고 있다

역시, 난 퍼스널 트레이너야!

애인은 창밖에

별빛으로 내 창문을 두드리는 그
나는 튀밥을 먹으며 그를 보고 있어요

창밖이 반짝이다가 녹아내리네요
짝짝이 눈이 내일이면 더 작아져서
앞이 안 보일지도 모르지만
날 보면 아코디언처럼 가슴을 접었다 펴는
그때마다 내 가슴을 울리는
가슴이 한 개였다가 열두 개가 되기도 하는
알 수 없는 그가 지금 창밖에 있어요

잠시라도 내 손 안에 없으면 불안한 그
그의 울림이 없는 날은 슬퍼져서
내가 먼저 그의 창을 두들기고 마는
그가 지금 날 부르고 있네요.

둥지를 떠난 새

아들은 이제
입었던 옷들을 벗어 놓고
찌르레기처럼 날아갔다

언제까지나
어미의 상처가 된 바람그늘 뒤에서
서성일 수는 없었나 보다

어미는 빈 둥지에 뒹구는
구겨진 아들의 옷을 다리면서
미안하다
미안하다
미안하다
깊은 주름을 편다

둥지는 말없이
풀벌레 소리만 쓸어 담고 있는데

금방이라도 날아들 것만 같은
기척을 행여 놓칠세라

어미는
등불 들고

밤새 둥지 밖을 서성인다.

내게로 온 그 남자

은빛 정장이 잘 어울리는 남자

태양빛에 반사된 이마가
또 하나의 태양이 되어
거리를 밝히면
사람들의 시선이 따갑다

그 시선을 견디지 못하고
줄행랑을 치는 남자

그런 그가 맘에 들어
내가 먼저 프러포즈를 했고
그도 순순히 내게로 왔다

내 발의 애무를 무척 좋아하는 남자
그의 등에 업혀 지그시 눌러 주면
콧노래를 부르며 달려가는 남자

오늘도
그의 무동을 타고
지구 밖까지 달려가 볼까나.

비움의 미학

언제까지 그렇게
입만 벌리고 있을 거냐고
아무리 눈치를 줘도
꼼짝 않고 제자리에 앉아
낼름낼름 받아먹기만 하더니

불룩해진 뱃살 위의 뱃살
점점 몸 밖으로 밀려나
악취가 풍기는 줄도 모른다

부푼 엉덩이 힘껏 들어 올려
물구나무를 서게 했더니
그제서야 백기를 들고 속을 비운다

어찌 홀가분해진 것이 네 몸뿐이겠는가
얽히고설킨 잡념들도

썰물처럼 쓸려 나갔으니

아, 가슴이 헐렁하다.

제 3 부

딸기의 꿈

수백 개의 씨앗들을 품고 뒹굴며
나는 지금 위험한 꿈을 꾸고 있어요.
내 꿈이 사라지기 전에
어서 날 보러 와요

반딧불이 공연

그녀의 무희를 보려고 밤 외출을 하는 날
야맹증이 있는 난 그녀를 따라 공연장으로 간다

수많은 관중들의 박수갈채를 받으며
그녀가 무대에 오르자
빛을 차단한 무대 위에서
칠흑 같은 어둠 속을 넘나들며
갖가지 문양으로 피어나는 불꽃들

아, 보름밖에 보지 못할
그녀의 공연이 아쉽기만 하다.

까치가 그리울 때

하얀 와이셔츠에
검은 정장이 잘 어울려

나비넥타이를 매고
나의 아침 창가 나뭇가지 위에서
알 수 없는 노래를 부르고 있으면

내 귀가 열리고
눈이 열리고
가슴이 열려
내 몸도 가벼워지지

거리마다
시간을 잃어버린 사람들이
시간을 찾으러 방황하는 사이
머리털이 하얗게 벗겨지는 줄도 모르고
시간을 나르고 있어

가끔 그 새가 그리워지면
잘 익은 감 하나 창가에 걸어 두고
휘파람을 불어 대지.

산수유 꽃

앙상한 가지마다
성장통이 밀려와 몸살을 앓더니
아픈 자리마다
송글송글 노란 눈곱이 낀다

눈곱 속에는
아이의 눈물처럼
글썽이는 별들이
숨어 있다

별들은
햇볕을 받아
팡팡팡 불꽃을 터뜨리며
사방으로 흩어지는데

갑자기 나도 아프다
내 가슴속에 숨어 있던

별들도 이제
터지려나 보다.

엉겅퀴 마을

고슴도치들이
몰래 집 밖을 나와
울 밑에 앉아
졸고 있고

날선 가시들은 경계를 하느라
주위의 냄새를 맡으며
교감 중

살며시 손을 얹어 쓰다듬으니
가시는 보드란 솜털이 되어
경계를 풀고
단내를 풍기는

바람도 달달한 맛에 취하여
비틀거리는 오후

마을은 온통 분홍빛.

딸기의 꿈

자기,
내 얼굴에 함빡 돋은 여드름 보여요?
자기만 보면 얼굴이 확확 달아오르고
달려가고 싶은데 내겐 다리가 없어요

초록빛 미니스커트에 가려진
단내 나는 몸이 점점 부풀어 올라
터질 것만 같은데

수백 개의 씨앗들을 품고 뒹굴며
나는 지금 위험한 꿈을 꾸고 있어요
내 꿈이 사라지기 전에
어서 날 보러 와요.

빗방울

저 무수한 눈동자들
동그란 눈동자들 속에
스쳐 가는 모든 것들을 집어삼키고
뱅글뱅글 돌리다가
엎어 놓고 짓밟기도 하고
길게 늘려 보기도 하는
저 눈, 눈동자들

저 무수한 소리들
가만 서 있는 건물들을
톡톡 건드리다가
하얀 담벼락에 좍좍 낙서하며
길 가는 아이들 우산 위에서
데구르르 구르며 텀블링하다가
달리는 자동차 유리창
들여다보며 해 대는
저 소리, 잔소리들.

날자, 새가 되어

전생의 나는 새였다
날개가 잘 발달된 새

봄부터 가을까지 햇살의 그물을 건져 올려
가지 끝에 매달려 깃털을 짜며
하나의 풍경을, 희망을, 꿈을 심었다

모진 비바람 몰려와도
천둥 번개의 호통에도 놀라지 않고
매일같이 촘촘한 잎맥을 넓히며
거추장스런 것들은 미련 없이
바람결에 날려 보냈다

잎맥은 저희들끼리 얽히고설키며
붉은 핏줄이 되어 팽창되고
점점 공기처럼 가벼워진 몸이 되어
비상 신호를 기다린다

갖가지 새들을 키운 나무들은
팽팽히 당기던 손목을 풀고
마지막 풍경을 연출하고 있다

바람이 큐~ 사인을 보내자
일제히 가지를 떠나는 새들

무거운 세상을 가뿐히 들어 올리고 있다.

덩굴장미

환한 대낮
요염하게 담장 넘는 너는 누구냐

바람결에 파르르 떠는
네 몸 뒤에 숨겨진 비장한 각오
오늘도 경계 늦추지 않고 한발 한발 세상을
점령해 가는구나

맹랑한, 흠씬 두들겨 주고 싶은
세상에 있는 온갖 슬픔 모두 꺼내
매달아 주고 싶은 너이지만

당돌한 행동, 요염한 모습
더 이상 너를 미워할 수 없는 것은
바로 이웃집 때문이야
그녀 때문이야.

불청객

그가 내 코를 들쑤시고 들어온다
머리가 어질어질하고
눈알이 빠질 것만 같다

며칠 전 가재도구를
몽땅 도둑맞은 내게
또, 무엇을 훔쳐 가려는지

뇌 속까지 뚫고 들어와
온통 된장질을 쳐대며
이렇게 온몸을 들쑤시다니

그가 다녀간 자리엔
노란 은행알들이
저희끼리 뒹굴고 있다.

가을, 옷을 입다

옷장 문을 열고
옷을 고르네

옷들이 걸어갈 곳
옷들이 만나야 할 이웃들을 떠올리며
아직 잠이 묻어 있는 옷을 고르네

내가 옷 속으로 들어가네
고요한 나의 꿈들도 그 뒤를 따라와
얼굴을 내미는데
옷들도 나를 고르며
불어난 뱃살을
비웃으며 스쳐 가네
옷들이 사르르 녹고 있네

발을 동동 구르며
타 들어가는 시간만 바라보는데

어디서 낙엽 타는 냄새가 나네

저만치 가을이 걸어오고 있네
내가 걸어가네.

눈 내리는 교실

선생님은 하얀 분필이다
그 말씀은 분필의 하얀 가루
교실 안에 때 아닌 눈이 풀풀 날리더니
칠판도 책상과 의자도
하얗게 덮어 버렸다
형광등 불빛도 흰 눈에 쌓여
선생님도 의자에 앉아있던 아이들도
보이질 않는다
'아이들이 사라졌어요'
비상경보가 울리고 교실 문이 열리자
꼬물꼬물 기어 나오는 아이들
쿨룩쿨룩 기침 소리 요란하다.

어느 겨울 아침에

제야의 종소리를 따라가신 어머니
병마와 싸우며 고통의 질곡을 넘나드는
깔딱 고개에서
애지중지했던 일곱 개의 관절들을
울컥울컥 삼키다가 눈물이 빠져나간
헐렁한 몸이 되어서야 그림자를 지우셨다

세월만큼 증발한 눈물은 어느새
소금사막이 되어 오래된 적막을 깨고
마당 한가득 환한 웃음을 내려놓으셨다.

접시 위에 길게 누운

접시 위에 길게 누워 있다
이가 숭숭 빠진 옥수수 하나

도대체 이빨들은 어디로 간 것일까?

'학원 갔다 올게요'

옥수수체 글자들이 접시 밑에서
꼬물꼬물 기어 나온다
노르스름한 이빨 자국에 아홉시를 알리는
알람 소리가 달려 나온다
이빨은 지금 편의점 귀퉁이에서
컵라면을 먹고 있을지도 모른다

나는 얼른 노르스름한 이빨 자국이 난 주방을
보글보글 끓인다
노르스름한 이빨 자국이 난 교실을 무치고

노르스름한 이빨 자국이 난 복도를 볶아 놓고
야식을 먹는다

이빨 자국이 난 옥수수가 물끄러미 나를 본다

나도 그를 본다
옥수수 속에 책상이 보이고 책들이 보인다
한 무리의 이빨들이 책 속에 떨어진 글자들을
주워 먹는 것이 보인다
옥수수를 흔들며 옥수수를 삼키자
마침내 옥수수가 되는 것이 보인다.
옥수수 속은 지금 옥수수를 먹은 옥수수들의
글 읽는 소리로 가득하다.

* 식탁 위에는 먹다 만 사과 한 개가 있다—이경림

과수원에서

태양이 한 개라는 것은 거짓말이네

과수원에 갔더니 빨간 햇덩이들이
태양의 촉수 긴팔에 매달려
젖을 빨고 있었네

물오른 볼 하도 귀여워 한 입 깨물었더니
'아삭' 하며 달려 나온 달의 피부
햇덩이 속에는 해와 달이 숨어 있었네

그렇게 해와 달도
은밀한 사랑을 나누고 있었네

이제야 알았네. 매일같이
서산 넘는 태양이 핏빛 치맛자락을 끌며
강물에 몸을 풀고 있었다는 걸

나는 오늘 입술이 빨간
태양의 아기들을 한 바구니 훔쳐 가네.

제 4 부

뻐꾸기 울음을 등에 메고

꽃향기 뒤덮인
황홀한 날들처럼
너와 나의 만남도
화사한 봄꽃이 되어

바위가 빙긋이 웃네

소변이 마려워
으슥한 곳을 찾는데
동그마니 앉아 있는 바위 하나
이리 오라 손짓하네

생면부지인데도
망설일 틈도 없이 얼른
그 뒤에 몸을 숨기니

내 속에 숨어 있던 강물은
순식간에 긴 강줄기 하나 만들어
주체할 수 없었던 시간들을 데리고
쏜살같이 도망치네

나도 그 강물 따라 나오는데
바위가 빙긋이 웃고 있네.

버리는 연습

버려야지, 버려야지 하면서도
쉽게 버릴 수 없었다

몸 밖으로 흘러나와
악취가 날 때까지

조금만 건드려도
물컹한 것들
시간의 흐름에
볼품없이 뭉그러지고

더러는 퇴적층처럼
켜켜이 쌓여 굳어진 것들이
화석처럼 남아 있지만
나의 분신 같은 미련들을
거꾸로 엎어 쏟아 낸다

햇살이 사선으로 쏟아진다

시원한 바람이
싱긋 웃고 달려온다.

산 메아리

천마산 자락에 누워 계신 어머니
살아생전에도 이제나 저제나
자식들이 찾아올까
목이 빠지도록 동구 밖 내다보시더니

산자락에 누워서도
산 어귀만 바라보다
삭풍에 잘린 머리 속
벌겋게 부어올랐네

손바닥만 한 마당에도
쑥을 지천에 심어놓고서
"쑥이라도 뜯어 가렴"

귓전에 맴도는
어머니의 음성
파랗게 파랗게 돋아나고.

블랙박스를 달다

저는 지금 물구나무를 서고 있어요
가슴이 두근거리고 맥박도 빨라져서
제 눈동자가 파랗게 깜박이는 것이 보이시죠?

지금 제 심장이 새까맣게 타 들어가
온몸에 덜덜덜 소리가 나고요

큰맘 먹고 새로 산 은빛 정장도 눈 깜짝할 새
너덜너덜해지고 구멍이 났어요
이게 도대체 뭐란 말이에요?

나를 건드린 당신도
성할 리는 없겠지요

그러니 제발, 날 좀 가만 놔두세요.

심상의 물결

황혼이 물안개처럼
내리는 시간
내 고적한 그림자마저 삼킨
공간 속에서

나는
짙푸른 심상의 물결에
보고픈 얼굴을
띄우리라

스러지는 별빛 잔영은
빛나기 위한 아픔이듯이
당신 향하는 마음의 이울녘은
아낌없이 타기 위한 불꽃일러라

옆에 있어도 그리운 이여 !

오늘도
나의 창가에 다가와
수만 송이 장미꽃 피워 놓고

내 심중에 다가서는 모습, 모습에
나는 그만 목이 메인다.

풀숲은 샤워 중

푸른 녹음을 지우고
어둠의 고요마저 씻어 내는
풀숲은 샤워 중이다

바람도 부산하게
물 퍼 나르는
찰방대는 숲 속을
눈 깜박이며
내려다보던 별들도
낙하하는 밤

검은 커튼을 두르고
하루 종일 무겁게 끌려 다니던
구두를 벗어 놓고
허벅지를 조이던 스타킹도
땀 찬 속옷도 훌훌 벗고
머리에서 발끝까지

겨운 하루를 씻어 내는

풀숲은 온통
물소리뿐이다.

풍금소리

당신의 방문을 열면
고요한 숨소리가 들려와요

조금만 다가가도
금방 내 마음을 알아차리는 당신은
나를 데리고 먼
산등성이를 오르지요

광활한 대지 위
수만 송이 장미꽃을 피우고
새소리 바람 소리
당신의 영역은 어디까지인가요

사막 길 걸으며
부르트고 허물어진
아린 상처 어루만지다가
다시 파도 소리 들리는

바닷가에 내려놓고

수평선 넘어
황홀한 태양을 손잡고 와
내 가슴을 울리는.

별똥별 하나

무한 공간에
어둠을 사르는 갖가지 화려한
불꽃들이 현란한 춤사위로
하늘을 수놓는다

와아, 와아
함성 소리에 더 높이
날아오르려는
손끝의 방황은
치열한 삶의 바다

찰나의 몸짓을 위해
수없이 깊은 어둠의 강을
건넜다

무리들 속에서
불꽃 잃은 별똥별 하나

불러도 대답 없는 이름은
허공을 맴돌다 스러지고

빛바랜 앨범 속에서
화사하게 웃고 있는
잔영이 애달프다.

내 마음의 강

강물은 집이 없네

한자리에 머물러 사랑을 지을 새도 없이
하염없이 흘러야 하네

산과 들엔 사계절이 찾아와 늘 북적이지만
강물엔 손님이 찾아들 방이 없고
오직 강물뿐이네

따사로운 햇살에 누워
흥건히 낮잠을 취해 보고 싶어도
어느새 달려 나온 어둠의 공포와

살금살금 고양이걸음으로 달려 나온 실바람
손끝이 하도 부드러워 가슴을 여니
어느새 호랑이 발톱으로 할퀴니

강물은 한시도 맘 기댈 곳 없어
작은 오두막집 그립기만 하네

강물은 오늘도
밤마다 밀려오는 적막감에
처얼썩 처얼썩 제 가슴을 치며
서럽게 울면서 정처 없이 흘러가네.

아버지의 가방

하루에도 열두 번씩 가방을 열어
이승의 추억들을 쓸어 담는 아버지의 손길
어느새 아스팔트처럼 새까만 손때가 반질반질
새 길이 뚫렸다

한번 들어가면 나올 줄 모르는
꼬깃꼬깃한 지폐를 토닥토닥 잠재우며

“나, 죽으면 너희들끼리 나눠 가지렴”
입버릇처럼 하시는 말씀

당신 부재시 자식들 걱정에
아버지는 오늘도 앙상한 갈퀴손으로
밭을 일구신다.

뻐꾸기 울음을 등에 메고

배추꽃 흰나비 날개를 타고
언덕을 넘어
사부랑삽작 꽃 속에서
살고 있구나. 봄은

높바람 등쌀에
꽃잎 열다 깜짝 놀란
우리에게도 그런 날
있었거늘

꽃향기 뒤덮인
황홀한 날들처럼
너와 나의 만남도
화사한 봄꽃이 되어

뻐꾸기 울음을 등에 메고
길 떠나 보자.

어머니, 발자국이 나를 따라와요

어머니,
내 뒤를 따라오는 저 발걸음들이
자꾸만 내 등을 떠밀어요
어서 가라고 어서 가야 한다고
잠시 쉬었다 가고 싶어도 쉴 수 없는 길이네요

밟을 때마다 들려오는
어머니의 기도 소리, 어머니의 눈물, 어머니의 땀이
제 몸에 붙은 찌꺼기들을 밀어내는 개운한 소리들

신발바닥 움푹움푹 패인 홈에
어머니의 말씀들로 채우고 더 이상
오염된 흙들이 달라붙지 않도록 밀어내네요

어머니,
나의 발자국이 자꾸만 나를 따라와요

폭신한 어머니의 가슴에 다가가는 내가 부러워서
자꾸만 날 따라오네요.

가을 풍경

햇살이 슬어놓은 알들은
메마른 가지 끝에 열심히 깃털을 짜며
모진 비바람의 매질에도
천둥 번개의 호통에도
푸른 잎맥을 넓히며 오늘을 기다렸나 보다

녹음 짙은 꿈들이 농익은 연시처럼
말랑말랑 익어 가고
거리마다 꽃등 켜고
색색의 애드벌룬 하늘 높이 날리며
무거운 세상 가뿐히 들어 올리는데

서산 넘던 노을도 가던 길 멈추고
축제의 잔 기울이며 새털 날리는 오후

나도 꽃구름 위에 서 있다.

■ 작품 해설

나, 사물 그리고 세상

황 정 산
〈시인 · 문학평론가〉

1. 들어가며

시는 주관성의 문학 장르이다. 그래서 시를 세계의 자아화라 말하기도 하고 일인칭의 예술이라 규정하기도 한다. 흔히 시인으로 간주되는 서정적 주체의 생각과 정서 전달하는 성스럽고 순수한 언어가 될 수 있었다.

하지만 현대에 와서 주체는 분열되고 자아와 세계는 불화를 경험한다. 자아의 경험은 파편화되고 어디에도 보편적인 가치는 존재하지 않는다. 시를 통해서 자아와 세계와의 화해와 조화는 애초에 불가능하게 된 것이다. 그래서 시인들은 파편화된 경험의 나열로 세상을 저주하고 새로운 언어로 세상의 어둠에 맞서기도 한다. 이런 노력들이 해체시와 난해한 아방가드의 언어를 만들어

내고 있는 것이 지금의 문학적 현실이다.

하지만 이러한 분열과 파편의 언어들에 대한 피로와 거부의 움직임도 또 그만큼 커지고 있다. 그래서 다시 서정시의 부활을 이야기하고 정서적 교감과 소통의 필요성이 제기되고 있다. 하지만 이런 서정시의 부활이 과거 농경시대 자연의 질서와 보편의 정서 속에 살던 시대의 언어를 그대로 답습하는 것이어서는 설득력이 없을 뿐만 아니라 시대착오적이기도 하다. 잘해 봐야 사람들에게 값싼 위안을 주는 키치가 될 뿐이다. 그렇지 않기 위해서는 파편화된 개인의 경험을 다시 통합하여 온전한 자아를 회복하는 지난한 노력이 필요하다. 하늘의 이치에 따르고 자연의 질서에 순응하던 시대와는 달리 이미 수많은 타자들로 분리된 자아의 조각 맞춤이 필요하기 때문이다.

이 시집에 실린 한정원 시인의 시들에서 우리는 바로 그 가능성을 발견할 수 있다.

2. 교감과 소통의 언어

한정원 시인의 시들은 나에 대한 탐구로 시작한다. 시

를 쓰고 현실의 삶을 살고 있는 나는 어떻게 존재하고 있는가 하는 질문이 한정원 시인의 시를 있게 한 근본적 질문인 듯싶다. 한 편을 인용해 보자.

아이스커피 한 잔이
시원해지기를 기다린다

얼음 조각들은
검은 물 주변을 빙빙
겉돌고만 있다

한낮의 카페 안은
진한 커피 향에 버무린
까르르 소리와
주고받는 시선들로 달궈지는데

나는 한쪽 귀퉁이에서
창밖 이글거리는 열기를
잔 속에 담는다

커피 잔 밖으로
자꾸만 진땀이 흘러
잔도 옷을 벗는다

다시 보니 얼음 조각이 없다

나도 없다.

—「커피 잔, 옷을 벗다」 전문

커피숍에서 아이스커피 한 잔을 사다 놓고 그 커피 잔의 변화를 바라보는 시인의 예리한 눈이 돋보이는 작품이다. 시인은 커피 잔 속의 얼음을 통해 더위의 고통이 지배하는 세상의 무게에서 잠시 위안을 구한다. 하지만 그것은 쉽게 사라져버리고 만다. 그리고 그 커피 잔을 감추고 있던 이슬마저도 사라져 결국 아무것도 없다는 것을 확인한다. 나를 위안해 주는 것은 아무 것도 없고 있어도 잠시 존재했다고 믿을 수밖에 없던 것이라는 점을 깨닫는다. 얼마나 내가 허약한 욕망에 집착하면서 살아왔나를 돌아보고 있는 것이다.

마지막 연의 "나는 없다"라는 시구는 바로 그 깨달음을 한마디로 요약한 것이다. 이러한 깨달음의 과정을 살펴볼 때 시인은 나를 끊임없이 해체하여 그것을 통해 사고를 확대해 가는 것을 알 수 있다. 커피를 마시고 있는 나는 그냥 나로서 존재하는 것이 아니라 커피숍이라는

장소와 내 앞에 놓인 커피 잔과의 관계 속에서 존재하고 나는 바로 내 앞의 사물에 의해 규정된다. 결국 나는 나 아닌 다른 것으로 확장된다. 이런 체의 확장 과정은 다음 시에서 좀 더 두드러진다.

뼈대만 앙상한 옷걸이 하나
걸치고 있던 껍데기는
샤넬향수를 뿌리고
요란한 드라이기 소리와 함께
집을 나갔다

몸이 가벼워진 옷걸이는
온 집안을 기웃거리며
방문을 열어 본다

창밖거리를 바라보니
모두 껍데기들로 붐빈다

다시 창문을 닫고
거실로 나와 액자 속의 그림들을
물끄러미 바라보다가
텔레비전 오락프로를 보고 까르르 웃는다

다시 주방에 들어가 식탁에 앉아
물끄러미 나를 본다
나도 그를 본다

'딩동'
껍데기가 들어오는 소리에 깜짝 놀라
옷장 속으로 달려간다.

–「알맹이, 껍데기」 전문

옷은 껍데기이지만 나를 표현하고 내가 사회적 활동을 하게 만드는 가장 중요한 도구이다. 그래서 옷은 나를 사회 속에서 위치지우는 기호로 해석되기도 한다. 시인은 그런 옷을 보면서 무엇이 진정한 나인지를 생각한다. 외출할 때 입고 나간 옷을 입은 존재가 나인지 그 옷을 벗고 들어와 앉아 있는 내가 진정한 나인지 시인은 잠시 "물끄러니 나를 보"며 생각하는 것이다. 옷은 그냥 껍데기일 뿐이고 그것을 벗어던진 내가 진정한 자아라고 시인은 쉽게 생각하지 못한다. 그런 나는 사실 존재하지 않기 때문이다. 나는 내가 인식하는 나도 나이지만 남에게 보이는 나도 역시 나이다. 그렇게 볼 때 나와 관련된 모든 사물들에게 나는 존재하고 나는 끊임없이 확대되어 재생산된다. 알맹이와 껍데기가 구별되지 않은 채 말이다.

그러므로 시인은 이 구별되지 않는 사물들과의 소통을 시도한다. 나의 언어는 내가 발화하는 언어이지만 그것은 나만의 언어가 아니라 그 언어가 표현한 사물들과 그 사물들을 공유하는 또 다른 존재들과 소통 속에서 의미를 갖는다. 시인은 그 언어가 배어 있는 사물들을 되살리며 그것을 통해 진정한 소통의 언어를 만들고자 한다.

내 입속에는 새 한 마리가 산다

그 새는
내가 한 말들을 가져오라고 하면
몇 초 후에 그 소리들을
모두 데리고 온다

넘어진 소리들
뒤집혀진 말들은
제정신 차릴 때까지 기다렸다가
늦게 데려온다.
찢겨진 말들, 힘없는 말들도……

그 새는
말들이 하나라도 도망갈까 봐
새끼줄에 꿰어
산을 넘어온다

길게 늘어진 말들이
천천히 내 앞에 와서
엎드린다.

–「내 입속, 새 한 마리」 전문

현대 사회는 말들로 꽉 차 있다. 온갖 방송, 책, 디지털 자료 등이 우리 삶을 지배하고 있다. 하지만 아이러니하게도 그런 말들이 지배하는 사회 속에서 서로 간의 소통은 더 부족해지고 있다. 세대 간, 계층 간 단절은 물론이고 개인들 간의 진정한 소통은 사라지고 피상적인 만남만이 존재한다. 말은 많지만 서로를 이어 주는 진정한 소통의 언어는 부족하기 때문이다. 시인은 그 소통의 언어를 만들려고 한다. 시인이 언어를 창조하여 시를 쓰는 행위를 시인은 입 속에 새 한 마리 키우는 것으로 표현하고 있다. 그 새가 가져오는 언어가 아주 멀리서 아주 천천히 오는 것이긴 하지만 그 힘든 과정을 통해 진정한 소통을 이루어 주리라는 믿음을 가지고 있다. 이렇듯 시인이 꿈꾸는 것은 이렇게 자신을 한없이 확대하여 세상과 소통하는 진정한 언어를 회복하는 것이다.

이러한 언어는 언어 본래의 생생한 힘을 가지고 있어 단절된 사람들끼리의 소통은 물론 자연과도 교감할 수 있게 해 준다.

하늘공원 억새밭에는
서양인의 피를 받은 은빛머리 아저씨가
커다란 책을 펼쳐 들고 책을 읽어 준다지

가까이 가면 갈수록 바람에 펄럭이며 들려오는
소리의 광폭이 더욱 감동적이라는데
흩어지면 죽는다며 어깨를 맞대고
바람이 불면 부는 대로 휘어지며
우주 속살에 발을 묻으며 만든 책장이란다

책장은 하도 커서 누구도 넘길 수가 없다지
추운 겨울 삭풍이 몰려오고 눈비가 내려도
'이것 또한 지나가리라'
솔로몬 왕자의 말씀을 되뇌이며
울음을 삭힌 커다란 책은

이제 휘파람 소리로만 들을 수 있는
경전이 되었다지.

―「휘파람 경전」 전문

시인은 하늘공원의 억새들의 움직임을 보고 그것이 내는 소리들을 들으면서 우주의 속살을 들여다보는 것 같은 느낌을 가지게 된다. 그것은 말과 글로 표현되어 있지 않고 쉽게 알아들을 수 없는 휘파람 소리로만 우리에게 들려주지만 말과 글로 표현할 수 없는 세계의 비의와 세상의 역사가 거기에 들어 있는 경전으로 시인에게는 인식되고 있는 것이다. 그 경전을 이해하고 해석하는 것은 세속의 언어와 그것의 상투성을 넘어서는 새로운 언어의 소통을 꾀하는 시인만이 가능하다. 한정원 시인이 꿈꾸는 언어의 세계가 바로 이런 것이다.

3. 자아의 성찰과 인식의 지평

사물을 껴안고 사물과 그 사물과 관련된 타자들과의 소통을 꾀하다 보면 자아가 분열되고 파편화되는 느낌을 가지게 될 것은 자명하다. 나는 나 자체가 아니라 나와 관련된 다른 것으로만 규정되고 표현되기 때문이다. 시인은 그런 주체의 상실의 현실을 다음과 같이 거부한다.

저는 지금 물구나무를 서고 있어요
가슴이 두근거리고 맥박도 빨라져서
제 눈동자가 파랗게 깜박이는 것이 보이시죠?

지금 제 심장이 새까맣게 타 들어가
온몸에 덜덜덜 소리가 나고요

큰맘 먹고 새로 산 은빛정장도 눈 깜짝할 새
너덜너덜해지고 구멍이 났어요
이게 도대체 뭐란 말이에요?

나를 건드린 당신도
성할 리는 없겠지요

그러니 제발, 날 좀 가만 놔두세요.

–「블랙박스를 달다」 전문

이 시는 시인의 자아성찰을 잘 보여 준다. 블랙박스는 나를 지키고 내 것을 지키기 위해 존재하는 것이다. 나를 건드리는 것에 민감하데 반응한다. 모든 사람들이 차에 블랙박스를 달고 다니는 것처럼 현대를 사는 모든 사람들은 다 블랙박스처럼 자신을 타인들로부터 보호받으려는 경계심을 풀지 않고 살고 있다. 공동체가 상실되고 인간들은 개인으로만 존재하는 개별화된 사회이기 때문이다. 하지만 세상은 나를 그냥 놔두지 않는다. 나를 지키는 길은 오직 혼자 차 안에 매달려 있는 블랙박스처럼 물구나무 서서 빨라진 맥박으로 파랗게 깜박이는 눈동자로 지키는 수밖에 없는 것이다. 시인은 이런 비유를 통해서 공동체로부터 분리되고 해체된 개인이 자신의 주체성을 지키며 사는 것이 얼마나 힘든 일인지를 표현하고 있다.

다음 시는 진정한 자아 찾기가 무엇인지를 잘 보여준다.

거울 속에는
내가 없고 나의 그림자만 있다

반듯하게 네모난 종이 한 장이
꽃, 동물, 새 등으로 바뀌듯이
언제부턴가 사람들도 그렇게

자신의 참모습을 버렸다

나이 들어가는 것을 거부하고
자기를 사랑하는 것을 거부하고
자기 자신이기를 거부하며

남을 위해 사는 사람처럼
자신을 꼭꼭 감춰버리고
거울 밖에만 신경을 쓴다

꽃병 속에 꽃이 없고
드라이플라워만 있듯이

거울 속에 너만 있고 나는 없다.
–「거울 속엔 내가 없다」 전문

거울은 나를 보기 위한 도구이다. 하지만 시인은 거울 안에 "너만 있고 나는 없다"고 말하고 있다. 여기서 "너"는 나의 다른 모습이다. 그것은 진정한 자아가 아니라 겉으로 드러나는 나의 모습, 즉 사회가 요구하는 자아일 것이다. 우리는 바로 그러한 피상적인 자아를 통해 세상에 나아가고 세상에서 사람들을 만나고 다른 존재들과 소통하고 관계를 맺는다. 그러다 보면 우리가 접하는 사람들이나 다른 존재들 모두 피상성으로만 다가온다. 내가 사물에 의해 소외되듯이 타자들 역시 나에 의해 소거되고 배제된다. 그렇게 해서 우리는 내 자신도 잃고 우리를 둘러싸고 있는 세상의 다른 존재들과도 멀어지게 된다. 현대사회의 근원적인 고독감은 바로 여기서 온다고 해도 과언은 아니다. 시인은 거울을 통해 바로 이런 성찰을 수행하고 있다.

그렇다면 시인은 어떤 방식으로 자신의 존재의 정체성과 진정한 자아를 찾아가고자 할까? 그것은 자신에게 딸려 있으나 나는 아닌 그렇다고 타인이라고 할 수 없는 그런 또 다른 나의 존재를 인식하는 것이다.

누군가 자꾸 날 따라온다
기척도 없는데 점점
내 신발이 무겁다

걸을 때마다
끌려 나오는 긴 다리들
자꾸만 내 주위를 빙빙 돌며
내가 지나온 길을 지우기도 하고

내가 가야 할 길에 앞서 나서기도 한다

너는 누구냐? 하고 내가 물어도 대답이 없다
가만 들여다보니 그는 얼굴이 없다
그저, 내가 하는 행동을 흑백으로 복사만 하는
그를 데리고 나는 오늘도 걸어간다.

–「그림자」 전문

그림자는 나이면서도 내가 아닌 존재이다. 하지만 나보다 더 나에 가까운 존재이기도 하다. 내가 나의 정체성을 가장하고 사회적 자아로 가면을 쓰고 살아도 그림자는 여전히 나를 그대로 복사하면서 내 삶에 깊이 관여하고 있기 때문이다. 아무리 내 자신의 진정한 자아를 회복한다고 하더라도 나는 이 그림자로서의 또 다른 나의 존재를 무시하면서 살 수는 없다. 시인은 그것을 껴안는 방식을 택한다. 다음 시가 그것을 잘 보여 준다.

방문 앞에 벗어 놓은 양말 한 켤레
양말 속을 꽉 채웠던 발은 어디 가고
저렇게 맥없이 뒹굴고 있을까

…… (중략) ……

겨운 하루 둘둘 말아 세탁기에 넣으니
발바닥에 들러붙었던 낯선 길들이
세상의 깊이를 헤치면서
넓어졌다 좁아졌다
넘어졌다 일어섰다
꼬리에 꼬리를 물고 달려 나온다

편의점 음식으로 찌그러진 시간과
쉴 새 없이 울려대는 핸드폰소리
자동차 배기가스에 그을린
한 무리의 웃음소리가
부글부글 거품이 되어 탈수된다.

–「하루를 벗으며」 부분

시인은 집에 들어와 벗어서 세탁기에 넣은 양말 한 켤레를 보면서 여러 생각을 한다. 그 양말이 달려온 세상을 생각하고 그 세상 속에서 만났던 많은 시간들을 생각한다. 그것은 "찌그러진 시간"이고 각종 생활 소음으로 시달리는 시간이다. 시인은 그것을 세탁기로 완전히 씻어내며 "하루를 벗고 싶어 한다. 그런데 시인의 시선은

완전히 씻겨 깨끗해진 빨래에 있지 않다. 그것보다는 그 모든 삶의 소음과 찌꺼기들이 함께 "부글부글 거품이 되어" 있는 세탁기 안에 시선이 가 있다. 이 사물들과 연관되어 있는 자신이 결코 이들과 벗어나 순연한 자아로 돌아오기 힘들다는 것을 알기 때문이고 일순간 깨끗한 자기로 되돌아 오더라도 내일이면 또다시 이것들과 함께 하리라는 것을 잘 알고 있기 때문이다.

그래서 시인은 이 모든 잡다한 현실 속의 사물들을 벗어난 순수의 언어를 추구하는 것이 아니라 이것들을 기꺼이 껴안는 소통의 언어를 선택한다. 이러한 소통을 통해 시인은 나에서부터 사물을 통해 세상을 바라보게 된다. 세탁기 안의 사물은 자신의 것이기도 하지만 세상에 나가 함께했던 세상의 것이기도 하고 시인은 그것을 통해 세상의 모습을 인식한다.

이렇게 인식의 지평을 넓히게 되면 시인에게 세상은 무한히 확장되어 보이게 된다.

> 책상 위에는 잘못 쓴 글씨 지우던
> 지우개밥도 부풀고요
> 쓰다 버린 원고지도 부풀고요

주방에는
알맹이 없는 포도껍질도 부풀고요
조리하고 남은 감자껍질
양파껍질도 부풀어 오르네요

자, 보세요. 나만 부푸는 게 아니라니까요
바퀴도 부풀더니 굴러가고
그늘도 부풀더니 굴러가고
부푸는 건 모두 구르나 봐요

구른다는 말은
멀리서 가까이로
가까이서 멀리로 다가가는 것

어쨌거나 오늘 밤은
그렇게 부푼 것들 모두가
인연이 되어
둥글게 둥글게 굴러가네요.

–「부푸는 것들」 부분

사물들이 부푼다는 것은 그것들이 새로운 확대된 의미로 다가온다는 것이다. 전에는 아무렇지 않게 바라보

았던 것들이 내 생활에 양감을 가지고 다가오면서 내 삶과 내 존재에 새로운 충만감을 준다. 그리고 그것들과 함께 하는 새로운 세상의 모습을 다시 인식하게 된다. 그것은 나 아닌 타자들과의 소통이 주는 세계에 대한 새로운 인식의 확대이다.

타자와의 소통을 통해 세상을 바로 보고 진정한 자아를 성찰하기 위해서는 우리들의 의식에 들어 있는 장벽을 걷어내고 경계를 벗어나는 것이 필요하다. 시인은 그것을 다음과 같이 상징적으로 표현하고 있다.

환한 대낮
요염하게 담장 넘는 너는 누구냐

바람결에 파르르 떠는
네 몸 뒤에 숨겨진 비장한 각오
오늘도 경계 늦추지 않고 한발 한발 세상을
점령해 가는구나

맹랑한, 흠씬 두들겨 주고 싶은
세상에 있는 온갖 슬픔 모두 꺼내
매달아 주고 싶은 너이지만

당돌한 행동, 요염한 모습
더 이상 너를 미워할 수 없는 것은
바로 이웃집 때문이야
그녀 때문이야.

―「덩굴장미」 전문

우리는 세상에 살면서도 세상에 나서기를 두려워한다. 그래서 자기만의 집을 짓고 자기들만의 집단을 형성하고 자기와 다른 것들을 배제하면서 살고자 한다. 그래야 자기를 지킬 수 있기 때문이리라. 하지만 이러한 배제의 논리가 세상을 각박하게 만든다. 나 하나만, 내 가족만 생각하는 경향이 팽배하고 결국 이것이 사람들 사이를 갈라놓고 모두를 불행하게 만들고 있다. 시인은 그런 울타리치기를 거부하면서 담장을 넘으려는 덩굴장미의 몸부림을 아름답게 생각하고 있다. 그것이 때로 윤리를 거스르고 불륜을 조장하는 요염한 일탈일지 모르지만 그런 것을 통해 나만의 경계를 넘을 수 있다고 믿고 있다.

다음 시는 좀 더 적극적으로 경계를 넘는 자유를 꿈꾸고 있다.

그 길에 바람이 통과하고
새싹들도 파랗게 문 여는 소리

민들레는 내 안에 있는 것이 아니라
내가 민들레 안에서 자라고 있다
동면에서 깨어난 세포들도
새벽을 맞이하기 위해 커튼을 열자
빛들이 쏟아져 들어와 방이 꽃처럼 피어난다

방 안에 가득한 향기가 날개를 펼치며
언제든 풀씨 하나의 무게로 가볍게 떠날 수 있는
솜털이 되어 비상을 꿈꾸고 있는

나는 민들레 속에서 산다.

–「나는 민들레 속에서 산다」 부분

민들레 홀씨는 비상을 꿈꾸는 자유의 상징이다. 시인은 그 민들레처럼 자유를 위한 씨앗을 키우고 싶어 한다. 그런데 시인은 그것을 "민들레는 내 안에 있는 것이 아니라 / 내가 민들레 안에서 자라고 있다."고 표현하고 있다. 그만큼 자신의 온 정신 온몸을 통해서 그러한 비상을 꿈꾸고 있기 때문이다.

4. 맺으며

한정원 시인의 시는 쉬운 언어와 단순한 이미지가 특징이다. 현란한 요설도 없고 난해한 언어와 자극적인 이미지로 우리의 눈을 현혹하지 않는다. 그럼에도 시를 읽으면 그가 만들어 놓은 시의 세계에 빠져들고 만다. 그것은 우리가 생활에서 흔히 경험했을 작은 부분들을 놓치지 않고 보여 주기 때문이다.

어디서 봐 왔을 풍경, 누구나 경험했을 생활의 한 부분을 한정원 시인은 담담한 눈으로 포착해서 보여 준다. 하지만 거기에는 시인만의 독특한 깨달음이 들어 있다. 그것을 발견하고 공감하는 재미가 아주 쏠쏠하다. 시류에 편승한 어지러운 시가 난무하는 세상에 맑은 샘물을 만나는 것 같은 신선한 기쁨을 주는 시집이다.

한정원 시집

커피 잔, 옷을 벗다

초판 인쇄 2016년 10월 10일
초판 발행 2016년 10월 15일

지은이 | 한정원
펴낸이 | 김효열
편 집 | 이미정
마케팅 | 김효숙 · 김영미 · 박미옥

펴낸곳 | **을지출판공사**

등록번호 | 1985년 2월 14일 제 2-741 호
주 소 | 서울시 구로구 가마산로27길 24, 319호
우편번호 | 08298
전 화 | 02) 334-4050
팩 스 | 02) 334-4010
이 메 일 | ejp4050@hanmail.net

값 12,000원

ISBN 978-89-7566-162-4 03810